내
마음
알까
?

내
마음
알까
?
최정민 시집
책나무출판사

작가의 말

마지막이라고 생각하고 시집을 낸 게 5집부터였을 거다. 그러나 시를 사랑하는 마음은 끝을 내지 못하고 그 열정이 환경을 지배하고 능력이 없어도 여기까지 이끌어 주었다. 아직도 내 마음의 시는 쉬지 않는다. 단 내 몸이 쇠약할 뿐이다. 이번 15번째 시집을 마지막으로 유작이 되었으면 하고 바라기도 했다. 그러나 목숨은 질긴 듯하다. 그렇게 시달리는 통증과 고통 속에서도 내 시는 잠들지 못하여 살아난다. 한 사람만이라도 나를 사랑해주기를 갈망했던 나에게 시는 여러 사람이 사랑할 수밖에 없는 통로를 개발했다. 이 시간 윤동주 시인이 아니어도 좋다. 유명하지도 무명하지도 않은 시인들의 틈새에서 한

자락 꽃잎이 틔워졌다. 그저 울다가 웃을 수 있는 사람으로 낙담하다가 따뜻한 희망 한 줄기 발견하기를. 세상에 나처럼 가여운 이도 있었지만 삶의 운행권은 나 자신이었다고. 아직도 당신 삶은 다 보여주지 않은 현상되지 않은 필름같은 사진이라고 말해 주고싶다. 올해 가을이 무난히 나에게 와주어 고마운 날에. 단짝 시야! 너는 내마음 알까?

2021년 9월

최정민 시인 드림

| 목차 |

뭐 어때?

너만 보면

좋아라

헤벌쭉

너도 우습지?

내가!

너도 입 벌어졌다

내 마음 알까?

아닌 척해도

웬일이니?

내가?

너를?

아니거든

내 마음 알까?

사랑이구나!

사랑!
벌처럼
날아와 쏘았다
내 삶이
간지럽다
내 마음 알까?

편한 관계

바다까지

보였다

보이고 싶지 않아도

편안하니까

네가…

내 마음 알까?

찌질남

잘해주고

싶다가도

부담스럽다

더

요구할까 봐…

내 마음 알까?

너에게 나라서

내가

정신이 없었지!

너를

왜

좋아해서

이 고생을…

함께!

다행인 건 무얼까?

내 마음 알까?

착각

복 없다

널 만나서

그런데

이게 복 아닌가!

내 마음 알까?

함께

자라나라

자라나라

내 사랑

콩나물처럼

내 머리칼처럼

내 손톱처럼

자를 만큼…

내 마음 알까?

충분조건

네 앞에서
자존심도 꺾었다
뭘 더 바라니?
내 마음 알까?

확인

하도

분주해서

아침에 못 물어봤다

사랑해?

사랑해…

내 마음 알까?

안절부절못하다

신경 쓰이네

괜히

화는 내가지고…

내 마음 알까?

애원

쫌

나만

봐주라

내 마음 알까?

많은 사랑이 참자

참?

뭐 또?

아니야!

사랑해…

한 말 또 하고

한 말 또 하고

그렇게 한가하니?

아닌데…

나 엄청 바쁜데

헐떡이게…

내 마음 알까?

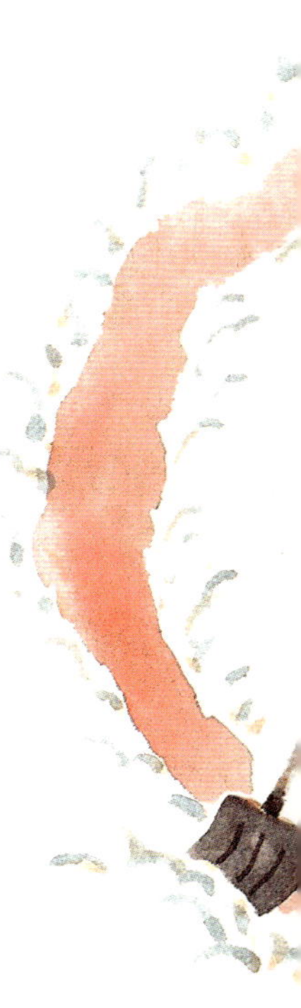

공감대를 찾아서

주말에 뭐해?

쉬어야지

영화 보러 갈까?

아니

쉬고 싶어

그렇구나!

난

너와 걷고 싶다

공감하며…

내 마음 알까?

위로

바빠?

응

바빠!

같이 바빠서

다행이다

휴!

내 마음 알까?

미안함

아참!

깜빡했어

나

큰일이야

널

잊다니!

그래도

널

사랑해!

내 마음 알까?

그래

미끄러져

들어가면

살포시

받아줄래?

내 맘…

내 마음 알까?

체념

그래

네 말이

다 맞다

좋으니까!

내 마음 알까?

고백

눈이

온다네

소복이 하얀 눈이

너도

내 마음에 올래?

내 마음 알까?

희망사항

빛나면 좋겠어

나만

바라볼 때

네

눈동자…

내 마음 알까?

인내

돌덩이 같은

너

호수로 만드느라

내가

먼저 다가가서

안았다

내 마음 알까?

향기

향기가 났다

사랑이었다

달콤한 사과 향이었다

내 마음 알까?

서툰 사랑

지독하다

너만

원하는 나도

지독하다

나만

외면하는 너도

내 마음 알까?

짝사랑 같은 느낌?

그러지 말라고 했다

숨이 막힌다고

너만 보지 않으려고

애쓴다

눈물이 자꾸 흐른다

내 마음 알까?

내 전부가 되다

다

가졌다

너를

다

놓았다

나를

이게 사랑일까!

내 마음 알까?

좋다

표정 좀 봐

환하네

그렇게 내가 좋니?

내 마음 알까?

뭘 안다고?

웃긴다

너

네가 뭐라고

다

아는 척

하니?

싫다

싫어진다

이럴 때마다…

내 마음 알까?

후회

사랑을 하다
가끔은
그만두고 싶어진다
내 마음 알까?

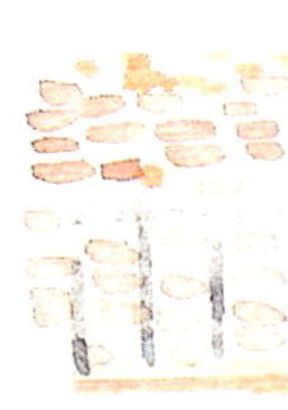

서툰 표현

단도직입적으로

물을게

너

나 사랑하지?

확인하고픈

내 마음 알까?

절망

들어가면

알 수 있을 거라

착각했다

네 마음!

나도

모르겠다

이젠…

내 마음 알까?

안타까움

잠시라도
기억하면 안 돼?
날…
내 마음 알까?

따스함

네가

보고 싶어서

내 목소리를

들려주고 싶었어

이런

내 마음 알까?

자존심

나도

아쉽지 않다

네가!

그래도

그립다

내 마음 알까?

익숙함

자꾸

나만 기억해

널!

어느 순간

네 시선에서

내가

안 보여…

내 마음 알까?

조율

언제쯤

부딪혀서

소리가

안 날까?

내 마음 알까?

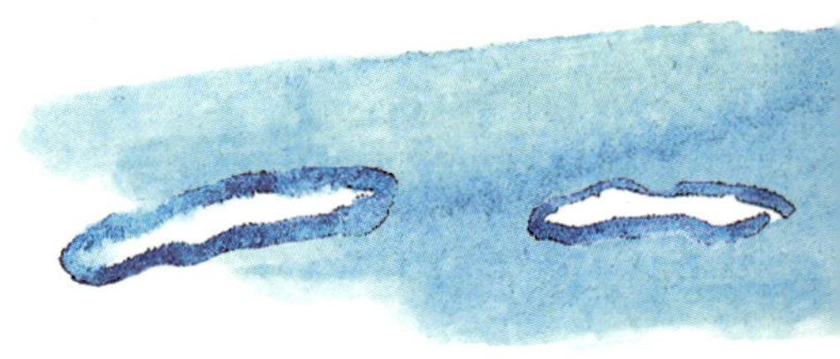

설득력

피곤해?

에이씨!

내가 있잖아!

너의

비타민

오늘은 안 되나?

내 마음 알까?

서운함

나도

바쁜데

너는

더 바빠

보인다

아!

서글프다

내 마음 알까?

사랑해!

바빠?

응!

일 분만

더 하자!

자기야?

응! 응!

내 마음 알까?

상실감

사랑
뭐 이러냐!
따뜻하게 다가오더니
썰렁하다
내 마음 알까?

배려

아파?

많이!

그래!

쉬어

나도 아픈데…

내가 더 아픈데!

내 마음 알까?

심장

한 발자국만

와도

두근거린다

내 마음 알까?

내 거다

웃었다

드디어

네가

웃었다

나 미쳤나 봐

왜?

내가 더 기쁘지!

내 마음 알까?

꼬임

너

삐치지

마라

내 마음 상한다

젠장!

내 마음 알까?

아픔

장미에

가시가 있네?

응!

너도

가시가

있다!

내 마음 알까?

어색함

오늘

너

엄청

낯설다!

내 마음 알까?

인연

길 가다 주웠어
네 마음
외로워서
흘렸나 보더라
내 눈에만
반짝이더라
내 마음 알까?

소중함

너의

지갑도

너의

마음도

다

빼앗아서

부풀려

주고 싶다

내 마음 알까?

사랑 전초전

주고 싶다

다

너라서

모두

내 마음 알까?

사랑이 되다

억만 년

전에도

이런

기쁨이

있었나?

내 마음 알까?

콩깍지

아!

매일

만나도

매순간

새롭다

너!

내 마음 알까?

주고 싶은 너라서

춥다고
목도리인형
칭칭 감아주더니
귀엽다고
예쁜 인형처럼
업어주더니
흰 눈처럼
녹아든다
내 마음 알까?

바보 같아!

손 잡고

호호 불고

들어갔다가

손 놓고

나왔다

이별이었다

내 마음 알까?

떨림

정작

할 말은

놓치고

하지 말아야지

했던 말은

해버렸다

바보!

내 마음 알까?

행복

너랑

밥 한 번

먹는 게

이렇게 쉬운데

그게

내

소원이었구나!

내 마음 알까!

선택

혼자

널

집어넣었다

뺐다

수십 번째다

이러고

계속 있다

내 마음 알까?

조바심

하고 싶다

뭐라도

너와

해야 할 거 같다

가만히 있으면

안 될 거 같다

내 마음 알까?

온통 너

너만 보여!

내

눈에

내 마음 알까?

퐁당

왜일까?

푹

빠졌다

내 마음 알까?

우연

우습다

행복!

씨익

씨익

씨익

어쩌지?

내 안에

너

들어왔나 보다

내 마음 알까?

심봤다

신났다

괜히

널

발견하고

보석인 줄

알았다

넌 모르겠지?

내 마음 알까?

꽂히다

과민 반응이다

네게

꽂히는 생각

네게

젖어드는 마음

네가

뭐라고!

자꾸…

내 마음 알까?

이루어지다

피어올랐다

?

상사화처럼

!

내 마음 알까?

안달

단단한

근육

단단한

몸매

나에게

열리지 않는

너!

내 마음 알까?

알 듯 말 듯 해!

분간이 안 된다

조마조마하다

너일까?

너일까!

정말…

내 마음 알까?

너에게 난

마구 뛴다

일등 하고 싶게

내 마음 알까?

결론

그래!

해보자!

사랑!

우리라고

왜?

안 되겠니!

내 마음 알까?

내 마음에

천둥을…

시작점

손잡고 가다가

손이 미끄러지면

다시 잡자!

망설이지 말고

놓치고 후회하지 말고

다시 시작하자!

내 마음 알까?

놓치고 싶지 않은

너!

정착

가자!

손을 잡고

너와

함께라면

우주를 뛰어다녀도

문제없다

좋으니까!

내 마음 알까?

다정함

너와

마시는 커피도

너와

듣는 음악도

좋다

널

향한 마음 더 좋다

내 마음 알까?

숙맥

창피하다

아! 말을 잘못했어

쑥스럽다

사랑해!

너

내 마음 알까?

안착

아!

따뜻해

너의 온기로

가득하다

내 마음 알까?

동행

밖이 춥다

내 마음에

들어오렴

잠시 말고

영원히…

내 마음 알까?

수줍음

바라보아다오
해처럼
네 앞에
바보가 되어
해바라기가 되어
꿈꾸고 앉아 있는
날!
내 마음 알까?

네 마음

꽃이 피었지?

자세히 봐라

향기도 나지?

자세히 봐라

내가

너에게

꽃이지!

내 마음 알까?

두려움

과연

내가

이 침묵을

깨뜨리고

너에게

갈 수 있을까!

너의 마음에

얘기하고 싶다

내 마음 알까?

그냥

한밤중이다

이제 가야겠다

너에게

선물이 되야겠다

산타처럼은 아니어도

너에게

난 선물이고 싶다

내 마음 알까?

예쁘다!

네가

예쁘다

참말로 예쁘다

무얼 해도 예쁘다

하는 짓이

그저 예쁘다

내 마음 알까?

이게 사랑!

아프니까

사랑이다

좋아서

사랑이다

마음 아니까

사랑인데

넌

내 마음 알까?

퍼즐

그래!

뱅글뱅글 돌다

제자리에만 갖다 두어라

뭐라고 안 할게

그냥

그대로

너니까

너라서

기억했다

그리고

붙잡고 싶었다

내 마음 알까?

혼란

핑계 대지마

나에게

너

너무하지 않냐?

갈수록

핑계가 늘지 않냐?

내 마음 알까?

오직 너

너만
기다리기로
약속했다
국가가 날 불러도
너에게만은
올라이트 전구다
내 마음 알까?

치사해진다

치!

치이?

치!

치사하게?

그래?

사랑은 치사한 거다

오늘부터

너에게

치사해지기로 했다

내 마음 알까?

감정

라이터에 불은
켜졌다가
꺼졌다가
하루면
열댓 번
나도
너에게
하루에 열두 번씩
심장이 쿵쿵댄다
내 마음 알까?

가까움

불지 않은
밥그릇같이
덕지덕지
네가 붙었다
수세미처럼
거칠게 밀어내도
넌
나에게
사랑이다
내 마음 알까?

정직함

커피를 주문하면

원두여야 한다

프림

설탕 다 거둔

너도

내게 원두여야 한다

내 마음 알까?

의도

쥐가 났다

짜르르

언제부터였나!

생각해봤다

널

바라볼 때마다

심장 안에서

내 마음 알까?

안도감

낭패다
널
이런
내 마음에
끌어들이다니
그래도
참
다행이다
너라서
내 마음 알까?

만남

날이 덥다

아니다

마음이 후끈

달아오른다

널

만나는 순간부터

내 마음 알까?

너의 마음의 온도는

괜찮니?

알 것도 같아!

수정꽃이 피어
사랑이 보인다
투명한 유리에
너와
나의 얼굴이
새겨진다
사랑이라고
내 마음 알까?

사랑 노래

눈이 온다
밤이 오듯
겨울을 몰고
사랑 노래 부르다가
눈꽃이 되리
하얗게 피어나리
넌
차가운 남자다
난
너에게
뜨거워진다
내 마음 알까?

수용

절실한 마음이었을까?

그렇다면

무조건

수용했어야 했다

그리고

솔직히 말했어야 했다

사랑하겠다고!

너도 절실했다고

내 마음 알까?

오해

아팠다

너무나도

사랑해서였다

울면 안 되니까!

사랑하느라고

사랑받지 않아서라고

오해할까 싶어서

두렵다가

이렇게 되었다

혹

너도 그랬니?

내 마음 알까?

좋은 거지?

사랑하고 싶었다

그러나

사랑했다

그리고 기다림이

이어졌다

그게

이별이었다

그래도 좋았나?

내가!

내 마음 알까?

이유!

왜일까?

내 마음

너에게 준 이유!

착각일까?

네가

날 원하리라고

생각하며

꿈꾸는 일이…

넌?

내 마음 알까!

꿈

순간
쏟아져 내렸다
사랑이 안개처럼
자욱이 깔렸다
그리고
나만 남았다
한 사람만 원했다
정말로…

설렘

이별이 없는
사랑은 없다
눈물이 없는
사랑은 없다
욕심이 없는
사랑은 없다
그런데
정작
내 마음 알까!

사랑일까?

네 마음 알았더라면
다가가지 않았을 텐데
내 마음 놓칠까 봐
너에게 다가갔다
그러다가
멈췄다
다시
네 마음 알았기
때문이었다
사랑이 아니다!

내
마음
알까
?

초판 1쇄 발행 2021년 10월 1일

지은이 최정민

펴낸이 임병천
펴낸곳 책나무출판사
출판신고 2004년 4월 22일 (제318-00034)

주소 서울시 영등포구 신길3동 325-70 3F
전화 02-338-1228 **팩스** 0505-866-8254
홈페이지 www.booktree.info

ISBN 978-89-6339-676-7 03810